La tala de árboles y la construcción de carreteras pueden destruir la vida silvestre para siempre.

Colvin y Leopold vieron que la **tala** de árboles y la construcción de carreteras estaban destruyendo la vida silvestre. Ambos escribieron en sus diarios lo que vieron.

Colvin trabajó para cuidar los bosques, de manera que los lagos y los ríos estuvieran protegidos. Dibujó mapas de los montes Adirondack. También exploró el **nacimiento** del río Hudson. Aldo Leopold explicó que la flora, la fauna y el paisaje son importantes. También les enseñó a las personas cómo cuidar el medioambiente.

Richard Whitcombe/Shutterstock

CAPÍTULO 1

VERPLANCK COLVIN

Verplanck Colvin nació en 1847 en Albany, Nueva York. Desde niño se interesó en la naturaleza. Le gustaba hacer excursiones a las colinas.

Cuando tenía 18 años, Colvin leyó un libro acerca de los montes Adirondack. Las descripciones que el autor hizo de los lagos, ríos y bosques de pinos capturaron la imaginación de Colvin. Decidió ponerse en camino para explorar los Adirondack.

Colvin hizo muchos viajes allí. En 1870, escaló el monte Seward, uno de los montes más altos de los Adirondack.

Los montes Adirondack están en el norte del estado de Nueva York.

(tl) Courtesy of The Adirondack Research Library of Union College, and Protect! the Adirondacks, (t bkgd) Siede Preis/Photodisc/Getty Images, (b) Digital Vision/PunchStock

LOS MONTES ADIRONDACK

En estos viajes, Colvin vio que se estaban talando grandes extensiones de bosques. Vio los desechos que dejaban los leñadores. Entendió que la tala causaría un daño terrible.

Muchos de los ríos y vías acuáticas del estado de Nueva York nacen en los montes Adirondack. En primavera, la nieve de los montes se derrite. Esto alimenta ríos y riachuelos.

El bosque evita que la nieve se evapore o se derrita muy rápido. Talar demasiado podría destruir las fuentes de agua de los ríos y riachuelos.

Detective del lenguaje

El texto subrayado es un complemento directo. Vuelve a leer esta página y encuentra otro complemento directo.

Muchos leñadores vivían en el bosque mientras talaban árboles.

Colvin quería que el gobierno protegiera esta tierra. Para convencer a los funcionarios, cortó un trozo de hielo de la parte alta del río Hudson. Lo llevó a una reunión en Nueva York. Colvin se aseguró de que lo pusieran en todos los vasos. Luego, les contó a los funcionarios de dónde provenía el hielo. Dijo:

"Debemos proteger nuestro suministro de agua... y preservar los bosques que protegen los manantiales de donde nacen los ríos...".

Colvin había puesto el hielo en sus vasos para hacer énfasis.

En esa época, no había mapas adecuados de los Adirondack. En 1872, el gobierno estuvo de acuerdo en dejar que Colvin hiciera mapas y midiera la región de los Adirondack.

Esta no fue una tarea fácil para Colvin y su equipo. Tenían que caminar a través de tierra agreste, ir en kayak por los ríos y escalar montañas escarpadas.

Además, Colvin y su equipo estuvieron cerca de animales salvajes peligrosos. Una vez, Colvin luchó contra un oso negro. Otra, tuvo que dispararle a una pantera que lo perseguía.

Para crear un mapa, es necesario conocer la **topografía** de un terreno. Para eso hay que medir y dibujar la superficie del terreno.

> *"¡Cuán salvaje y desolado es este lugar! ...Visto por primera vez, tal como lo vimos, oscuro y empapado con la humedad de los cielos...".*
>
> Verplanck Colvin

Este dibujo muestra a Colvin y su equipo en el lago *Tear of the Clouds*.

Colvin pasó casi 30 años midiendo y haciendo mapas de los Adirondack.

Bautizó muchos lagos de la zona. También siguió el río Hudson y encontró su fuente, el lago *Tear of the Clouds*.

(tl) Don Hammond/Design Pics, (tr) Courtesy of The Adirondack Research Library of Union College, and Protect! the Adirondacks

CÓMO SE MIDE UNA MONTAÑA

Colvin usó un método para medir llamado **triangulación**. Midió una línea (desde el punto A hasta el punto B) con una cadena de 66 pies de largo que usó como cinta métrica.

Luego, desde la cima de la montaña (punto C), Colvin usó un telescopio para ver los ángulos entre los puntos. Usó esos ángulos para descubrir las distancias que había entre los puntos y la altura de la montaña.

Colvin habló con personas del gobierno y escribió en los periódicos. Explicó por qué era importante proteger los Adirondack. Finalmente, la región fue catalogada como parque en 1892. Luego, en 1894, se aprobó una ley que decía que el parque debía mantenerse "para siempre en estado silvestre".

Colvin murió en 1920. Las personas aún disfrutan lo que dejó: un refugio de vida silvestre en el Parque Adirondack.

Michael Melford/The Image Bank/Getty Images

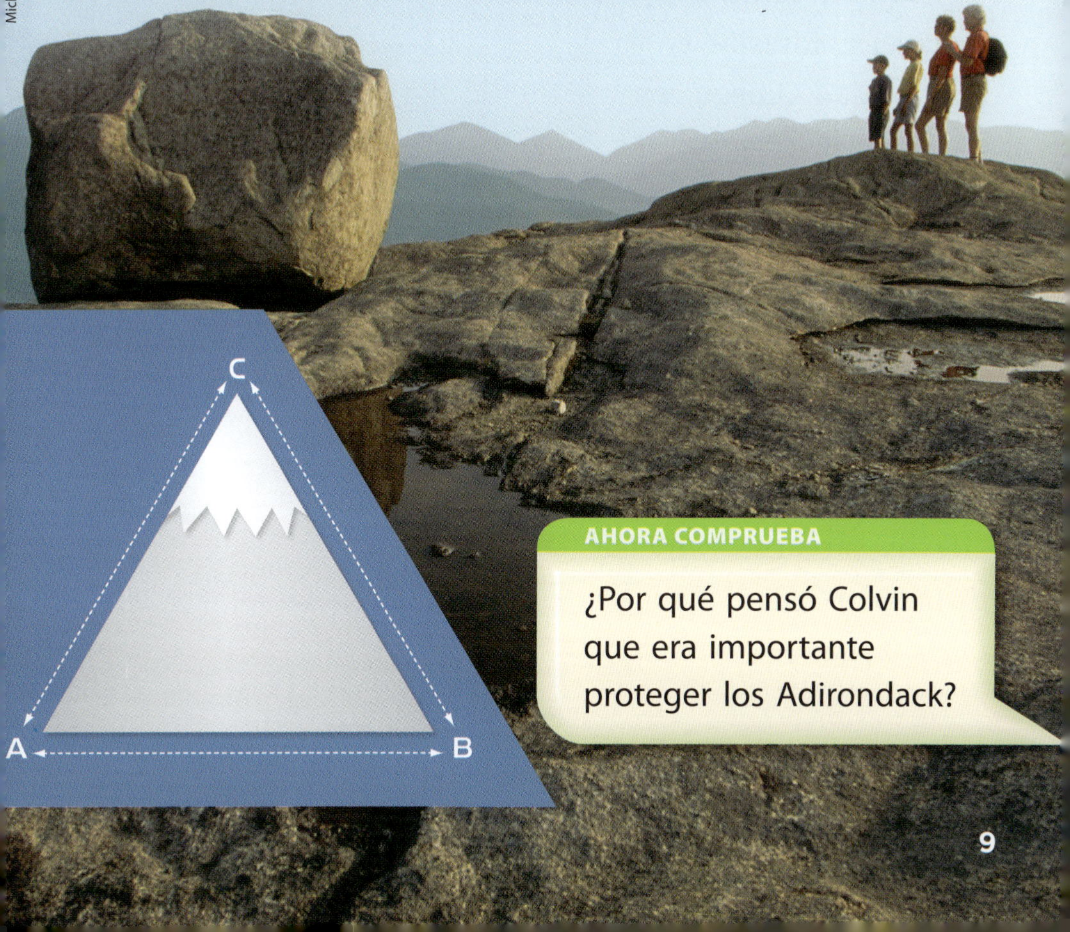

AHORA COMPRUEBA

¿Por qué pensó Colvin que era importante proteger los Adirondack?

CAPÍTULO 2

ALDO LEOPOLD

Aldo Leopold era como Colvin: también amaba la naturaleza. Leopold nació en 1887 en Burlington, Iowa. Cuando era niño, le gustaba explorar los bosques cercanos a su casa e ir de cacería con su padre.

Leopold estudió ingeniería forestal en la universidad. Luego, en 1909, obtuvo su primer empleo en el Bosque Nacional Apache, en Arizona. Disfrutaba la vida en las montañas. Cuando terminaba su trabajo, le gustaba cazar **animales de caza**, como ciervos y patos. También disfrutaba hacer mapas de la zona.

Este arroyo es parte del refugio de vida silvestre del Bosque Nacional Apache.

Leopold quería proteger los animales de caza. Creía que para mantenerlos a salvo, también debían protegerse los bosques donde vivían.

Leopold pensaba que se debía llevar un registro de cuántos animales había. De esa manera, se sabría de cuáles quedaban pocos para no cazarlos.

Al igual que muchas personas de esa época, Leopold también creía que se debía proteger a los animales de caza de los **depredadores**, como lobos y osos. Estaba a favor de la cacería de aquellos depredadores que mataban animales de caza. Pensaba que hacerlo ayudaría a que hubiera suficientes animales como ciervos y patos para cazar.

Design Pics/Raven Regan

Como guardabosques, Leopold cazó pumas, pero luego luchó para protegerlos.

En su vejez, Leopold quiso proteger a los lobos y no cazarlos.

Veinticinco años después, Leopold cambió sus ideas acerca de los depredadores. Esto sucedió durante un viaje de cacería en México. Allí vio que el bosque donde estaba cazando era totalmente natural. No era como los bosques que había conocido. Se dio cuenta de que los depredadores eran una parte importante de la **comunidad** del bosque. Si se eliminan, se altera el equilibrio de la comunidad.

AlanJeffery/iStock/Getty Images

Leopold vio que esto sucedía en los bosques de Wisconsin. Allí habían cazado la mayor parte de los lobos y pumas. Como resultado, el número de ciervos aumentó rápidamente. Se comían todas las plantas a su alcance. En 1942, Leopold mostró lo que los ciervos les habían hecho a los bosques. El daño a la vida vegetal indicaba que había demasiados ciervos en la región.

Leopold le pidió al estado de Wisconsin que promoviera la cacería de ciervos. También les pidió a las personas que dejaran de matar lobos para que aumentara su número. Al principio, sus ideas no fueron populares, pero finalmente entendieron que tenía razón.

> *"No se puede amar a los animales de caza y odiar a los depredadores... La Tierra es un solo organismo."*
>
> Aldo Leopold

Si no están controlados, los ciervos pueden causar mucho daño al bosque.

Así como protegió a animales y plantas, Leopold quería proteger el paisaje. En 1915 fue al Gran Cañón. Quedó horrorizado al ver el estado de la región. Había muchas carreteras nuevas, hoteles y almacenes. La basura cubría los senderos y las aguas sucias iban al río. Se dio cuenta de que esto no podía ser bueno para la naturaleza.

Leopold escribió un proyecto para el Gran Cañón. Se les permitiría a las personas disfrutar del Gran Cañón, mientras se preservaba el paisaje y la fauna. Después, en 1919, el Gran Cañón se convirtió en parque nacional.

Detective del lenguaje En el texto subrayado hay una coma que indica pausa. Encuentra en esta página otra coma que indique lo mismo.

Millones de personas visitan el Gran Cañón cada año. Hay leyes que protegen el parque de la polución y del daño que causan los turistas.

Image Source

El Bosque Nacional Gila tiene paisajes espectaculares.

Leopold comenzó a ayudar a proteger los bosques. Sugirió que 750,000 acres del Bosque Gila en Nuevo México se dejaran como refugio de vida silvestre. En 1924, el Bosque Nacional Gila en Nuevo México fue la primera zona natural protegida del mundo. Esto significa que no se puede tocar.

Leopold murió en 1948. Muchas de sus ideas se incluyeron en la Ley de Protección a la Vida Silvestre de 1964. Aldo Leopold también es considerado uno de los padres del Sistema Nacional de Preservación de la Vida Silvestre. Este sistema protege más de 700 zonas en 44 estados. Estados Unidos tiene aún lugares que son "naturales, salvajes y libres" debido al trabajo de Aldo Leopold.

Aldo Leopold pasea con su perro.

AHORA COMPRUEBA

¿Cuáles fueron algunas de las cosas que hicieron que Leopold quisiera proteger el medioambiente?

CONCLUSIÓN

Gracias a personas como Verplanck Colvin y Aldo Leopold, aún tenemos zonas de vida silvestre en Estados Unidos.

Colvin trabajó para proteger los bosques de manera que hubiera agua limpia para beber. Exploró miles de lagos y ríos en los Adirondack. Dibujó mapas y midió montañas de la región.

AVES EXTINTAS

Desde la década de 1850, en América del Norte se han extinguido: la cotorra de las Carolinas, el pato del Labrador y la paloma migratoria.

Cotorra de las Carolinas

Paloma migratoria

Pato del Labrador

Aldo Leopold motivó a las personas a cuidar el medioambiente. Podemos ayudar si:

- usamos menos, de manera que se utilicen menos **recursos naturales** y haya menos desechos;
- creamos una zona de vida silvestre en nuestro jardín o en un balcón;
- plantamos árboles o plantas que atraigan aves;
- llevamos un diario del mundo natural que hay a nuestro alrededor.

Debemos tener tiempo para disfrutar de la naturaleza. Cuando vayamos a caminar a un parque o un bosque solo dejemos nuestras huellas.

Respuesta a la lectura

Resumir

Usa detalles importantes de *¡Protejamos este lugar!* para resumir cómo afectaron a estos dos naturalistas sus vivencias con la naturaleza. Usa el organizador gráfico como ayuda.

Causa → Efecto
→
→
→
→

Evidencia en el texto

1. ¿Qué elementos del texto te ayudan a identificarlo como una narrativa de no ficción? **GÉNERO**

2. En la página 5, ¿qué hizo que Colvin se diera cuenta de que las zonas de vida silvestre se debían proteger? **CAUSA Y EFECTO**

3. Busca la palabra *estado* en la página 13. Ahora, busca la palabra *estado* en la página 14. ¿Significa lo mismo o significa algo diferente? ¿Cuáles son los dos significados de la palabra? **HOMÓGRAFOS**

4. En la página 12, Leopold cambia de opinión acerca de los depredadores. Escribe sobre qué lo hizo cambiar de opinión. **ESCRIBIR SOBRE LA LECTURA**

Género **Texto expositivo**

Compara los textos

Lee acerca de cómo la expedición de Lewis y Clark cambió la manera como las personas pensaban sobre la naturaleza.

Lewis

La travesía de Lewis y Clark

Clark

En 1804, Meriwether Lewis y William Clark partieron a explorar el área que luego sería el noroeste de Estados Unidos.

Lewis y Clark vieron muchos lugares asombrosos. Encontraron plantas y animales nunca vistos antes. Dibujaron mapas de su travesía. Escribieron en sus diarios lo que hicieron y vieron. En la actualidad, algunos de los animales que vieron están extintos, como los lobos que Lewis describe:

"El capitán Clark encontró una madriguera de lobos jóvenes... Son... de dos especies. El lobo pequeño o perro cavador de las praderas es el habitante permanente de las llanuras abiertas... El lobo grande que se encuentra aquí no es tan grande como el de los estados atlánticos..."
5 de mayo, 1805

Aventuras salvajes

Los indígenas americanos les contaron a Lewis y Clark que los osos eran grandes y difíciles de matar. Los dos primeros osos que vieron eran bastante pequeños y les dispararon con facilidad. Lewis escribió:

"Equipados con sus arcos y flechas, los indios bien pueden temer a este animal... pero en manos de diestros hombres con rifles no son de manera alguna tan formidables o peligrosos como los han representado".
29 de abril, 1805

Pronto, Lewis cambió de opinión. El 14 de junio de 1805, mientras caminaba solo, vio a un oso gris. El oso se acercaba hacia él. Lewis no tuvo tiempo de disparar.

"...se lanzó hacia mí, con la boca abierta y a toda velocidad. Corrí aproximadamente 80 yardas y me di cuenta de que me alcanzaba rápidamente...".

Lewis entró corriendo al río. Apuntó su lanza hacia el oso. Debió haberlo asustado porque el oso se dio media vuelta y se fue. Después de este encuentro, Lewis les sugirió a todos que no viajaran solos. Les dijo que mantuvieran sus pistolas junto a ellos, incluso de noche.

Los osos grises, como el que persiguió a Lewis, pueden pesar más de 800 libras.

Paisajes magníficos

En su travesía, los exploradores encontraron escenarios espectaculares. Estos escenarios les quitaron el aliento.

Pasamos por varias cascadas hermosas que caían de gran altura, sobre rocas estupendas... varios arroyos pequeños caen desde alturas mayores, y... se convierten en una neblina perfecta...". Lewis, 9 de abril, 1806

Lewis y Clark regresaron con muchos animales que habían reunido durante su travesía. También juntaron plantas inusuales. Algunas especies fueron nombradas en su honor. Los científicos estudiaron sus diarios y colecciones durante muchos años.

Esta es una muestra seca de una planta recogida por Lewis. Luego fue llamada *Clarkia pulchella.*

¿? Haz conexiones

¿Cómo cambiaron Lewis y Clark la manera en que las personas pensaban acerca de la naturaleza? **PREGUNTA ESENCIAL**

¿Cómo te ayudan los primeros exploradores y naturalistas a entender la importancia de valorar y conservar la vida silvestre? **EL TEXTO Y OTROS TEXTOS**

Glosario

animal de caza animal o ave que se caza por deporte o por alimento ***(página 10)***

comunidad todas las plantas y animales que viven juntos en un lugar ***(página 12)***

depredador animal que caza y se come a otros animales ***(página 11)***

extinto una especie de planta o animal que ya no existe ***(página 2)***

nacimiento lugar donde se origina un río ***(página 3)***

recurso natural material como carbón, árboles, minerales y agua que se encuentra en la naturaleza y puede ser usado por las personas ***(página 17)***

tala corte de árboles para usar su madera ***(página 3)***

topografía técnica de describir y dibujar la superficie de un terreno ***(página 7)***

triangulación método para hallar alturas o distancias con longitudes conocidas y los ángulos de un triángulo ***(página 8)***

Índice

Enfoque:

Estudios Sociales

Propósito Entender la importancia de la vida silvestre

Paso a paso

Paso 1 Con un compañero o una compañera, o en grupo, busca qué tipo de vida silvestre existía en tu región hace 150 años. Usa información de fuentes locales como la biblioteca, el museo o la sociedad histórica.

Paso 2 Crea un mapa, un dibujo o una línea cronológica que muestre cómo ha cambiado la región en los últimos 150 años. ¿Qué se ha perdido? ¿Qué se ha ganado?

Paso 3 Imagina que fuiste uno de los primeros exploradores que descubrió la región. ¿Qué pensarías de la región ahora?

Paso 4 Escribe una escena corta en la que tú y uno de los primeros exploradores analizan los cambios ocurridos. Representa o publica tu escena.